Le cheval

de

Suzy KABELA-MALINUR

Sommaire..3

Introduction......................................5

I) Activités équestres :......................6

   -Randonnées à cheval........................6

   -Vacances à cheval...........................14

   -Disciplines sportives......................17

II) Matériel d'équitation...................19

   -Equipement du cavalier...................20

   -Equipement du cheval.....................21

III) Les différentes races de chevaux...32

IV) Les soins aux chevaux.................46

- L'alimentation..................46

- Le sabot........................48

- Autres soins au cheval............53

V) Le centre équestre..................56

VI) L'écurie privée......................58

- Assurance........................58

- Achat et vente....................62

- Annonces.........................67

- Elevage..........................70

- Transport........................73

VII) Salon du cheval....................76

VIII) L'image du cheval.................78

IX) Bonus : Astuces........................81

Introduction

Je m'appelle Suzy KABELA-MALINUR, mère de 3 garçons et actuellement retraitée.

Un jour, j'ai voulu emmener ma famille en vacances équestre et je me suis rendue compte que, si moi je m'y connaissais un peu, pour mes garçons c'était la totale inconnue ; alors pour répondre à leur questionnement, j'ai décidé de faire quelques recherches et c'est ainsi que m'ai venu cette idée de rassembler ces recherches et d'en faire profiter un maximum de lecteurs animés, comme moi, d'un amour pour les chevaux.

Bonne lecture !!!

I - Différentes activités équestres

-La randonnée à cheval

La randonnée à cheval vous tente depuis longtemps et vous vous apprêtez à sauter le pas ? Afin que cette première expérience de randonnée à cheval se déroule dans les meilleures conditions, faites le point sur vos éventuelles lacunes, et anticipez-les...

Si vous n'avez jamais fait de cheval, l'idée d'une randonnée à cheval peut vous paraître séduisante de loin, mais a de fortes chances de virer au cauchemar par méconnaissance du sujet.

Pas question, bien sûr, de renoncer à ce projet. Mais un minimum de préparation physique vous sera indispensable. Même si vous avez déjà eu l'occasion de monter à cheval, pour une heure par exemple, cette pratique est insuffisante pour mesurer exactement ce qu'une randonnée à cheval d'une semaine représente d'efforts et de fatigue....

Pour vous tester et mettre votre motivation à l'épreuve, prévoyez, quelques mois avant de planifier votre randonnée à cheval, une première sortie d'un week-end. Sur deux jours, vous aurez déjà un bon aperçu des qualités d'endurance que suppose un parcours long. Et vous pourrez vérifier en même temps que vous supportez sans trop de mal de longues heures passées sur selle ! Si vous n'avez pas la possibilité de partir sur un week-end entier, offrez-vous, sur plusieurs semaines, des promenades équestres de deux heures au moins.

Une randonnée équestre permet à la fois de profiter des joies de l'équitation et de s'immerger dans la nature.

Si la randonnée équestre peut se pratiquer pour quelques heures seulement, le terme s'applique généralement à des parcours étalés sur deux journées au moins, à raison de 4 à 6 heures d'affilée passées sur une selle… Le soir, la randonnée équestre s'achève le plus souvent par un bivouac : pour profiter pleinement de l'aventure, mieux vaut avoir fait preuve de prévoyance avant de partir. La randonnée équestre suppose toutefois une bonne organisation : que faut-il prévoir dans ses bagages ?

Pour que la randonnée équestre se déroule dans un confort optimal, il faut prévoir tout ce qui peut s'avérer utile une fois monté à cheval. L'habillement ne doit pas contraindre le corps. Et il est conseillé de prévoir une tenue spécialement dédiée à la journée : le soir, après plusieurs heures de monte, il sera agréable de pouvoir endosser des vêtements propres... Lunettes de soleil, crème solaire, casquette et gants trouveront également leur utilité au cours d'une randonnée équestre.

Même si l'on peut espérer que la randonnée équestre se passera sans casse ni bobos, une petite trousse de pharmacie ne prendra guère de place dans le sac et deviendra précieuse pour saigner une écorchure, une brûlure ou prodiguer des soins d'urgence en cas de blessure plus grave. Parmi les médicaments, onguents et pansements à prévoir pour une randonnée équestre, un petit nécessaire anti Turista fera des miracles en cas d'incursion dans un pays étranger, un antibiotique à large spectre associé à un antalgique permettra de traiter toute maladie infectieuse dès ses prémices, tandis qu'une crème contre les brûlures limitera les dégâts dus aux frottements, et qu'une pommade à base d'arnica soulagera bosses et contusions.

Au niveau des bagages, la randonnée cheval doit être tout aussi bien anticipée. Les éléments les plus essentiels à prévoir, pour une sortie réussie, correspondent évidemment à l'ensemble des équipements qui permettront de se restaurer (nourriture, réchaud à gaz, boisson) et de se reposer (matelas en mousse ou, au minimum, sacs de couchage adaptés aux températures de la saison). Il est également utile de prévoir, pour une randonnée cheval plus agréable, une tenue exclusivement dédiée à la journée, et une deuxième pour le soir.

La randonnée à cheval est une activité très intense sur le plan physique, à ne pas tenter sans une préparation suffisante. Pour ceux qui ont réuni toutes les conditions nécessaires, la randonnée à cheval s'avère être un moyen fantastique pour communier avec la nature tout en développant une réelle complicité avec l'animal.

Avant de planifier une randonnée à cheval, mieux vaut s'assurer que l'ensemble des conditions indispensables à son bon déroulement sont bien réunies. Pour se lancer dans une expédition de plusieurs jours à dos de cheval, il est en effet conseillé de disposer d'une bonne expérience de l'équitation. A défaut, il sera utile de prévoir, avant le grand départ pour la randonnée cheval, plusieurs promenades de deux heures au moins, voire un week-end équitation complet !

Lorsque tout a été bien préparé, la randonnée à cheval se déroule dans les meilleures conditions possibles et constitue un véritable réservoir de souvenirs heureux.

Lorsque vous vous sentirez parfaitement prêt pour votre randonnée à cheval, il ne vous restera plus qu'à choisir le séjour qui vous tente le plus. Attention toutefois : n'accumulez pas les difficultés en optant pour un pays lointain, où le décalage horaire risque de corser un peu plus votre randonnée à cheval…

Une autre activité à envisager :

-Les vacances à cheval

Passer des vacances à cheval, voilà qui change des traditionnels hivers à la montagne et étés à la mer ! Mais que faut-il savoir avant d'organiser des vacances à cheval ?

Avant toute chose, il semble évident qu'il vaut mieux éviter de prévoir des vacances à cheval lorsqu'on n'a jamais eu l'occasion de pratiquer l'équitation au cours de sa vie ! Après tout, rester en selle pendant plusieurs heures, et sur plusieurs jours, cela n'est pas forcément du goût de tout le monde ! En prévoyant quelques heures de monte avant les vacances à cheval, le corps sera mieux préparé, et ce sera également l'occasion de vérifier que la motivation est bien au rendez-vous.

Les vacances à cheval peuvent ensuite s'envisager de différentes manières. Pour les cavaliers expérimentés, qui disposent de leur propre monture, les vacances à cheval posent surtout des questions de logistique. Les bagages sont à préparer avec soin, pour n'oublier ni les affaires de couchage, ni les vêtements de rechange, ni l'ensemble des équipements indispensables pour se restaurer. Quant au parcours à sélectionner pour des vacances à cheval, il existe des sujets complets consacrés à ce point dans les forums et blogs spécialisés.

Pour les novices, les vacances à cheval organisées par des professionnels sont les plus rassurantes. Certains centres équestres proposent des formules spécialement prévues à cet effet. Certaines agences de voyage sont également positionnées sur ce type d'activité et pourront offrir une large gamme de vacances à cheval en France ou à l'étranger : seuls les bagages resteront à prévoir, mais une liste des équipements indispensables est généralement fourni par les structures organisatrices.

-Les disciplines sportives

Bien que les chevaux aient été utilisés par le passé comme monture guerrière ou animal de trait, ce sont aujourd'hui les chevaux pour le sport qui sont les plus courants. Les différentes disciplines peuvent aller des loisirs purs à la pratique de sports équestres ou hippiques.

Les chevaux de sport sont généralement caractérisés par leur grande capacité de vitesse : les disciplines de courses sont les plus répandues. Mais il existe bien d'autres domaines : le horse-ball, les poney games, le polo ou la voltige ne sont que quelques exemples des différentes pratiques sportives qui font intervenir le cheval.

Bien entendu, pour chacune des ces disciplines, les chevaux de sport ne sont pas sélectionnés sur les mêmes critères, et reçoivent un dressage sensiblement différent.

En raison de la reproduction sélective qui est pratiquée pour obtenir les meilleurs chevaux de sport possible, ainsi qu'à cause du dressage particulier dont ils font l'objet, ces animaux sont proposés à la vente pour des prix qui peuvent paraître élevés. Une petite astuce, pour ceux qui ont une pratique amateur, consiste à acheter des chevaux de sport par les petites annonces : les animaux, plus tout jeunes, y sont proposés à des prix plus bas.

II) -Le matériel d'équitation

Le matériel d'équitation se divise en deux catégories : d'une part l'ensemble des équipements nécessaires au cavalier et, de l'autre, ceux qui concernent le cheval. Le matériel d'équitation peut s'avérer coûteux au démarrage, car les accessoires à acquérir sont nombreux : un petit tri permet dans un premier temps de se limiter à l'essentiel.

-Equipement du cavalier

Le matériel d'équitation le plus urgent à acquérir pour commencer correspond essentiellement à son habillement. Un pantalon d'équitation offre à la fois élasticité et aisance, tout en limitant les risques d'irritation par frottement. Il peut toutefois être remplacé, pour les toutes premières séances d'équitation, par un pantalon de jogging molletonné. Le jean, en revanche, est à proscrire... Les bottes d'équitation sont en revanche incontournables. Elles sont pensées pour protéger les jambes du cavalier, qui sont facilement griffées par les ronces et les buissons lors des promenades en forêt tout en ménageant une capacité de mouvement optimale. Pour le cavalier, le matériel d'équitation de base comportera enfin un casque ou « bombe ».

-L'équipement du cheval

L'équipement du cheval ne compte pas forcément de très nombreux accessoires, mais il doit être choisi avec soin. Quels sont donc les éléments indispensables pour un équipement du cheval complet ?

Bien évidemment, le premier équipement du cheval à prévoir est la selle. Afin de ne pas blesser le cheval, un tapis de selle bien moelleux doit être placé sous la selle. Il permet à la fois d'absorber la sueur pour limiter les irritations dues aux frottements, et de caler correctement la selle sur le dos du cheval. Une fois le tapis de selle choisi, c'est au tour de la selle. Pour cet équipement du cheval, mieux vaut éviter de faire des économies et opter pour un produit de grande qualité : c'est un investissement qui sera vite rentable pour le cavalier comme pour le cheval.

Les mors et les filets complètent l'équipement du cheval le plus basique. Là aussi, la qualité du matériel doit primer sur son coût d'achat. L'embouchure notamment, représente l'une des voies de communication les plus importantes entre le cavalier et sa monture : elle est l'interface à partir de laquelle le cheval comprend les demandes de son cavalier. Placé dans la zone sensible de la bouche, cet équipement du cheval doit à la fois transmettre de manière optimale la moindre pression effectuée par le cavalier, sans blesser pour autant le cheval.

Enfin, l'équipement du cheval peut comprendre une couverture bien proportionnée à la taille de l'animal pour lui éviter un refroidissement après l'effort. Les bandes de travail et les bandes de repos représentent également un équipement du cheval utile, notamment pour une pratique de l'équitation intensive (course ou randonnée).

Pour le cheval, le matériel d'équitation comprend aussi les étriers, le mors et les rênes. L'ensemble de ces éléments correspond à l'équipement de base du cheval.

Le matériel d'équitation doit être changé dès qu'il commence à présenter des signes d'usure trop marqués. Mais, la plupart du temps, un bon entretien permet de garantir une longue durée de vie aux équipements les plus coûteux comme la selle et les rênes. L'achat d'un nécessaire d'entretien pour le matériel d'équitation figure donc en bonne place dans la liste des premiers éléments à acquérir.

- - La sellerie des chevaux

La sellerie de chevaux est adaptée à l'ensemble des activités qui peuvent être pratiquées dans le domaine de l'équitation. Voici donc un petit tour d'horizon des différents types de sellerie de chevaux et leurs caractéristiques.

La sellerie de chevaux la plus classique est sans conteste la selle de randonnée. En cuir, elle ménage une assise creuse, rembourrée pour davantage de confort. Elle peut prévoir des sacoches intégrées à la selle, ainsi que des anneaux destinés à recevoir des bagages supplémentaires. Cette sellerie de chevaux est fréquemment utilisée dans les centres équestres et les ranches.

La sellerie de chevaux peut également se spécialiser pour offrir des caractéristiques étudiées pour la pratique d'un sport équestre. Il existe ainsi des selles d'obstacle, avec une matelassure arrière rehaussée pour un meilleur maintien en selle, des selles de cross conçues pour un contact maximal avec le cheval et des selles d'endurance. La sellerie de chevaux serait également incomplète sans les selles western espagnoles, qui offrent une excellente prise, rassurante pour les débutants et les plus jeunes.

La sellerie de chevaux peut être achetée via internet pour obtenir des prix plus bas. Il faut toutefois prendre garde aux achats à distance, car une selle est comme une paire de chaussure : elle doit s'adapter à la fois à la morphologie du cheval et à celle de son cavalier. L'achat en ville est donc préconisé d'une manière générale. Certains sites de sellerie de chevaux proposent toutefois, pour remédier à ce problème, des « forfaits essayage », qui permettent de tester la selle avant de décider de l'acquérir définitivement ou non.

- - La couverture du cheval

La couverture du cheval est destinée à protéger l'animal du froid ou de l'humidité, ou de l'empêcher de se prendre un coup de froid après un effort physique intense. La couverture du cheval ne se choisit pas au hasard : elle doit bien sûr être adaptée à la taille et à la morphologie du cheval, mais aussi au type d'utilisation que l'on souhaite en faire.

La couverture du cheval de jour, parfois assimilée à la couverture d'écurie, trouve surtout son utilité dans les périodes de mi-saison et les hivers particulièrement froids. Elle se place seule ou sous une deuxième couverture. La couverture du cheval d'écurie peut être plus ou moins épaisse en fonction de l'animal (tondu ou non), n'est pas forcément imperméable puisqu'elle est utilisée en intérieur, et est généralement « respirant », pour éviter que l'animal ne transpire trop. En revanche, la couverture du cheval de paddock est systématiquement imperméabilisée, et garnie de matelassage sur les deux tiers de la hauteur, tandis que le bas est doublé de nylon.

La couverture du cheval, pour être efficace, doit être adaptée à la taille de l'animal. Une simple mesure du dos du cheval est insuffisante, car certaines couvertures remontent largement sur l'encolure, et s'avèreront être trop courtes à l'essayage. Pour choisir la couverture du cheval de la bonne taille, une petite astuce consiste à mesurer l'animal à partir du milieu du poitrail jusqu'à l'arrière de son postérieur.

Une couverture de cheval peut s'acheter en ville, dans les boutiques spécialisées dans la vente de matériel d'équitation. Sur internet, il existe également de très nombreux sites d'e-commerce capables de fournir une couverture de cheval d'excellente qualité à un prix plus bas.

- - L'attelage des chevaux

L'attelage des chevaux peut être dédié au sport ou aux loisirs. Selon sa configuration, il offre un gain de confort pour partir en randonnée et permet également de partir en famille. Voici donc un petit tour d'horizon de l'attelage chevaux tel qu'il est proposé à la vente aujourd'hui.

L'attelage des chevaux, pour les loisirs ou pour le sport, se compose de structures hippomobiles ouvertes et de roulottes. Parmi les attelages ouverts, certains sont à quatre roues, pour une stabilité maximale, tandis que d'autres, à deux roues seulement, sont pratiques pour leur faible encombrement. Un attelage de chevaux bâché est destiné au transport de matériel et s'avère utile, par exemple, pour une randonnée.

L'attelage de chevaux est de plus en plus apprécié des agences de tourisme spécialisé, qui proposent ainsi à leurs clients des promenades à échelle humaine, où le rythme lent d'un déplacement à cheval permet de profiter de la nature et de la beauté des décors naturels même sans disposer de connaissances préalables en équitation. Afin d'ouvrir encore l'accès aux joies de l'attelage chevaux, de plus en plus de modèles sont conçus pour pouvoir accueillir les fauteuils roulants. L'attelage de chevaux le plus simple est vendu à 2500 euros environ, tandis que les modèles les plus sophistiqués, avec voiture bâchée, représentent un investissement moyen de 5500 euros.

Lorsqu'il intègre une roulotte, l'attelage des chevaux cumule les avantages d'un mode de transport traditionnel avec la sensation de sécurité et de confort que peut offrir un abri mobile. L'attelage des chevaux avec roulotte gitane prévoit en outre un couchage tout prêt pour des expéditions étalées sur plusieurs jours. L'attelage des chevaux avec roulotte atteint aisément les 10 000 euros à la vente pour les modèles les plus simples.

III)- Les différentes races de chevaux

La race du cheval se caractérise par sa diversité : s'il fallait les dénombrer toutes, le total dépasserait les 250 races ! Pour aborder le sujet de la race du cheval, quelques distinctions de base permettent heureusement de s'y retrouver plus facilement…

Les races de chevaux se divisent en effet en trois catégories, qui ont été fixées par la Fédération Equestre Internationale. Le cheval de selle est celui que l'on monte – quelle qu'en soit la raison (sport, randonnée, promenade etc.). Pour trouver les chevaux de sport qui offriront des qualités optimales, il faut bien sûr se tourner vers des éleveurs qui connaissent les exigences de chacun de ces sports, et orientent l'ensemble de leur activité vers la production d'animaux aptes à se montrer performants une fois en action.

Le cheval de trait est celui qui est destiné au travail et, plus précisément, à toute forme de traction. Le poney fait également partie de la race chevaux : pour justifier cette appellation, il doit mesurer, non ferré, moins de 1,48 mètre au garrot.

Les classifications de race chevaux sont complétées par d'autres critères. Ainsi, parmi les chevaux de selle, on distingue les chevaux à sang chaud, qui sont notamment représentés par les pur-sang anglais et les pur-sang arabes. Ces animaux sont fréquemment destinés à la compétition sportive et, notamment, à la course. Les chevaux à sang froid décrivent également le caractère de l'animal, plus calme, et catégorise la race chevaux destinés à la randonnée et aux loisirs.

Le cheval sauvage est une race de chevaux qui désigne les animaux qui n'ont jamais eu de contact avec l'homme, ou qui sont retournés à la nature. Enfin, la race de chevaux est souvent confondue avec le type de cheval : sans correspondre réellement à la notion de race, les différents types de chevaux lui sont parfois associés : on parle ainsi de chevaux de race Shetland, de chevaux camarguais ou islandais.

-Le cheval sauvage

Le cheval sauvage est appelé ainsi car c'est un animal qui n'entretient que peu de rapports avec l'homme. Le cheval sauvage peut aussi bien être un cheval dont les ascendants ont toujours vécu en liberté qu'un descendant de chevaux domestiqués puis rendus à une liberté totale.

Le cheval sauvage est dit « grégaire » car il ne vit pas en solitaire, mais dans des groupes d'une dizaine d'animaux que l'on appelle « hardes ». En réalité, le terme décrit une organisation naturelle assez similaire à celle d'une famille : la harde est en effet composée d'un étalon, qui est le mâle reproducteur, et des juments qu'il féconde. La progéniture de l'étalon et des juments constitue le reste de la harde : le cheval sauvage demeure environ 3 ans au sein de la harde de ses géniteurs avant de partir mener sa propre vie.

Pour se nourrir, le cheval sauvage broute pendant la plus grande partie de son temps, soit, environ, 16 heures par jour ! Il trouve de quoi s'hydrater dans les cours d'eau naturels ou dans les flaques et petites mares éphémères. Le cheval sauvage a besoin de se nourrir par petites quantités et de manière quasi continue car son estomac est de taille très réduite et ne pourrait absorber d'un seul coup un trop gros repas !

Pour sa survie, le cheval sauvage ne dispose pas d'autre arme que sa vitesse. Au sein de la harde, des guetteurs sont à l'affût du moindre signe suspect. Si un intrus ou un danger potentiel est détecté, même s'il se trouve encore à bonne distance, le cheval sauvage prend la fuite plutôt que de risquer de se trouver confronter à un prédateur.

- L'étalon

L'étalon est le mâle reproducteur, au sein d'un élevage comme au sein d'une harde. Lorsqu'il est domestiqué, l'étalon se distingue des autres mâles car, contrairement à eux, il n'a pas été castré : la reproduction est l'unique raison qui justifie la présence d'un étalon dans un élevage.

Dans la harde, l'étalon est le mâle dominant : d'autres peuvent cohabiter un temps avec lui, ses poulains notamment, mais sont chassés dès qu'ils commencent à afficher des prétentions de mâle reproducteur. L'étalon à l'état sauvage vit entouré de plusieurs juments qui sont à la fois les reproductrices et les « nourrices » de sa progéniture, l'une d'entre elles, la plus âgée généralement, assumant le rôle de femelle dominante.

Dans un élevage français, l'étalon est classé en trois catégories différentes. L'étalon approuvé est un étalon qui répond aux critères précis d'une race bien déterminée. Appartenant à un particulier, l'étalon approuvé est autorisé, chaque année, à saillir un nombre fixé à l'avance de juments, elles aussi de race bien définie. Un étalon autorisé est lui aussi de race bien définie, mais il peut saillir des juments de toutes races. Enfin, l'étalon accepté est un étalon dont la race n'a pas été définie, et qui peut saillir autant de juments que son propriétaire le décide, et quelle que soit leur race.

Fait assez rare dans la nature, l'étalon peut saillir la femelle d'une autre espèce que lui : l'ânesse. Le fruit de leur union est appelé « bardot », et il a la particularité d'être stérile. L'étalon peut ainsi être exploité pour créer des individus sélectionnés pour leur aspect physique ou leurs aptitudes physiques, ou pour la production d'animaux destinés au travail.

-Les poneys

Les poneys sont essentiellement différenciés des autres types de chevaux par leur taille. Afin de simplifier les classifications. Mais d'autres caractéristiques sont également attribuables aux chevaux poneys.

Selon la Fédération Equestre Internationale, les poneys sont reconnaissables exclusivement par leur petite taille. Ils doivent en effet, pour rentrer dans la catégorie « poney », mesurer une hauteur équivalente ou inférieure à 1,48 m au garrot, non ferrés. Lorsqu'ils sont mesurés ferrés, les chevaux poneys peuvent faire jusqu'à 1,49 m au garrot.

Les poneys sont fréquemment associés à certains traits de caractère. Si cette constatation semble souvent confirmée dans les faits, il faut toutefois la relativiser : en fonction de la manière dont ils ont été dressés, les poneys peuvent afficher des attitudes sensiblement différentes. Les poneys sont toutefois réputés pour leur calme et leur douceur, ainsi que leur extrême docilité.

Les poneys, tant en raison de leur taille que de leur tempérament, sont les animaux les plus adaptés pour l'apprentissage de l'équitation chez les enfants. Certains poneys sont également capables de porter des adultes car leur petite taille est souvent accompagnée d'une extrême robustesse, qui les rend à la fois solides et endurants. Dans certains pays, ce sont d'ailleurs ces deux qualités qui sont exploitées chez le poney, qui joue alors un rôle d'animal de trait, pour les travaux d'agriculture par exemple. Certains poneys sont tout particulièrement appréciés pour l'attelage, comme les poneys Hockney, tandis que d'autres, comme le poney Connemara sont généralement utilisés pour l'équitation, sportive ou de loisir.

Le poney, ami des enfants, est généralement associé à une image de tranquillité et de calme. Cette spécificité de son caractère semble avérée mais n'entre toutefois pas dans la définition officielle du poney.

En effet, sans contredire pour autant les particularités du poney en terme de tempérament, la Fédération Equestre International n'impose comme critère obligatoire, pour la définition du poney, que la taille. Est considéré comme cheval poney tout animal mesurant moins de 1,48 m de hauteur au garrot et non ferré.

Cette définition du poney a le mérite de simplifier les vérifications au cours des compétitions sportives, ce qui correspond à son objectif premier. Mais les amateurs de poney sont tous d'accord pour estimer qu'elle ne rend pas compte des spécificités du poney, qui est différent du cheval par bien d'autres aspects que sa seule taille. Plusieurs qualificatifs, plus ou moins flatteurs, sont fréquemment associés au poney. Pour certains, c'est un animal doux et intelligent, tandis que pour d'autres, le cheval poney peut se montrer vicieux et têtu comme un âne !

En vérité, le poney réagit surtout à son maître. Sa petite taille le désigne souvent comme un animal plus facile à gérer pour un débutant qui aura tendance à développer un lien très affectif avec son cheval : habitué à agir comme bon lui semble, le poney se montrera alors difficile à maîtriser par la suite. Dressé correctement, le poney ne posera en revanche guère de problèmes, et ses qualités récurrentes de calme et de douceur seront alors indiscutables.

IV) -Les soins aux chevaux

Les soins aux chevaux occupent une grande partie du temps des cavaliers, amateurs ou professionnels. Quels sont donc les différents soins aux chevaux à pratiquer régulièrement ?

-L'alimentation

Parmi les soins aux chevaux les plus basiques, tous ceux qui concernent l'alimentation sont évidemment les premiers à prendre en compte. Le fourrage doit être choisi pour sa qualité, car il constitue la base de l'alimentation du cheval. Un bloc de sel qui lui garantit une bonne hydratation car cela augmente sa sensation de soif et optimise le stockage de l'eau, ainsi que par des rations régulières de mach, de biotine, d'huile de foie de morue et graine de lin. Ce sont des soins qui favorisent le transit intestinal tandis que la biotine stimule la repousse de la corne tout en améliorant la qualité du poil.

. Les soins aux chevaux d'ordre alimentaire sont à coupler avec une bonne réserve d'eau, régulièrement changée : un cheval en bonne santé boit entre 40 et 60 litres d'eau par jour, pas trop froide pour éviter les coliques.

Ainsi, les soins du cheval les plus méticuleux seront parfaitement inutiles sans une alimentation saine et équilibrée.

- Le sabot

Autres soins aux chevaux absolument essentiels pour conserver les animaux en bonne santé : les soins des pieds.

Ce sont les soins qui sont le plus souvent négligés, à tort car un mauvais entretien des pieds du cheval sont fréquemment cause de boiterie et peuvent entraîner, à terme, des complications importantes. Il est donc indispensable de procéder tous les jours à un nettoyage complet des pieds de l'animal : ces soins aux chevaux sont également l'occasion de vérifier l'état des fers et la consistance de la corne, qui ne doit pas être trop dure ni trop molle. Les soins du cheval qui se rapportent aux pieds font partie des gestes à acquérir rapidement. Sans une attention soutenue de la part du cavalier, le pied du cheval, soumis à rude épreuve lors des sorties, peut rapidement se détériorer et entraîner des problèmes plus graves. Après chaque promenade, donc, les soins cheval supposent un nettoyage approfondi des pieds, à pratiquer également les jours où le cheval n'est pas sorti.

Les soins des pieds se rapportent aux sabots, qui ont tendance à ramollir en hiver et à durcir excessivement en été. Lorsque le sabot n'est pas assez dur, il n'offre plus une protection suffisante au pied du cheval et le risque de pourrissement du dessous du pied augmente. Des applications de goudron permettent de remédier à tous ces problèmes. A l'inverse, un sabot trop dur ne permet pas une bonne oxygénation des tissus. Cette fois-ci, ce sont les onguents qui sont préconisés, pour hydrater et assouplir le sabot. Les huiles sont efficaces lorsque le sabot est sec et cassant. Les soins chevaux des pieds sont à renouveler environ deux fois par semaine.

Le sabot du cheval est soumis à rude épreuve : chocs et irritations peuvent être source de lésions plus ou moins graves. En fonction du terrain sur lequel évolue l'animal ainsi que de ses spécificités, le sabot cheval sera sensiblement différent.

Le sabot cheval se caractérise par une corne épaisse, moulée sur le pied du cheval, qui protège les parties molles comme la fourche et la sole. Lorsque l'animal est destiné à pratiquer le saut, son sabot est généralement plus large, afin de lui assurer un meilleur amortissement au sol. Des sabots plus larges sont également plus adaptés pour des déplacements sur sol mou ou boueux. Le sabot cheval spécifique à la course est au contraire plus étroit, et s'accommode parfaitement d'un sol plus sec et pierreux.

Le sabot du cheval est la base même de son mode de déplacement. Il doit être entretenu avec soin pour garantir une bonne santé au cheval. Afin que le sabot du cheval soit opérationnel, des soins externes peuvent lui être appliqués, sous la forme d'onguent, d'huile ou de goudron, pour remédier à un sabot trop sec et cassant, trop mou ou au contraire trop dur.

Le sabot du cheval est également entretenu par un régime alimentaire équilibré. Un fourrage riche est évidemment préconisé pour une bonne santé générale du cheval. Mais certains compléments alimentaires permettent également de stimuler la repousse de la corne. La biotine est ainsi un élément nutritionnel particulièrement recommandé pour éviter que le sabot du cheval ne s'use trop vite : en permettant à la corne de repousser plus vite, la biotine est utile pour une régénérescence du sabot.

-Autres soins au cheval

Enfin, le brossage et le nettoyage du poil sont des soins aux chevaux qui ne sont pas uniquement dictés par des préoccupations esthétiques : en prenant soin de la robe et des crins du cheval, le cavalier lui évite démangeaisons et sensation d'inconfort. Ces soins aux chevaux sont à compléter par un shampooing complet toutes les semaines, de préférence avec un soin antiparasitaire pour finir.

Les soins du cheval sont à réitérer chaque jour. Même s'ils peuvent paraître fastidieux au débutant, ils représentent un moyen simple de vérifier la bonne santé générale du cheval, de lui apporter confort et réconfort et, également, de développer un lien basé sur la familiarité et la complicité. Les soins du cheval qui concernent son allure générale ne sont pas à négliger non plus. Ils sont une occasion de contact et offrent au cavalier un bon point de vue pour vérifier que le cheval n'est pas blessé, ne souffre pas d'une maladie de peau et n'est pas infesté de tiques. Brosser la robe du cheval est en outre un moment de détente pour l'animal, qui en retire un réel bien-être. Les poils de la crinière et de la queue seront moins emmêlés s'ils sont l'objet de soins cheval quotidien.

Les soins des chevaux s'appliquent aussi à la robe et au crin. Un shampooing régulier, adapté au PH du cheval, se couple avec un soin lustrant, utile pour prolonger les effets du pansage et un démêlant pour donner souplesse et brillance à la crinière et à la queue. Enfin, les soins des chevaux pour le poil peuvent être assortis d'une application d'insectifuge.

Ainsi, les soins des chevaux, les soins des pieds, de la robe et du crin et les soins nutritionnels, conjugués ensemble, sont une garantie de santé, de confort et de beauté pour l'animal.

V) -Centre équestre

Pour une pratique amateur ou très régulière du cheval, le centre équestre est une excellente alternative à une écurie privée. Un cheptel de chevaux y est présent en permanence et permet d'organiser des promenades, des week-ends ou des randonnées sans avoir besoin de posséder soi-même un cheval.

En centre équestre, de nombreuses formules sont proposées aux amoureux du cheval. Pour une sortie, des forfaits sont disponibles pour une promenade d'une ou deux heures. Très régulièrement, le centre équestre organise également des sorties plus longues, parfois sur un après-midi seulement, mais aussi, très souvent, sur un week-end voire sur une semaine : véritables randonnées, ces sorties supposent un bon niveau d'équitation.

Le centre équestre se charge généralement de former les plus jeunes pour monter et prendre soin d'un cheval. Des cours y sont ainsi dispensés, destinés à l'acquisition d'un niveau plus avancé dans le domaine de l'équitation. Pour ceux qui souhaitent se former à un métier en lien avec le cheval, le centre équestre est généralement le premier interlocuteur : en fonction des désirs de l'élève, une spécialisation le mènera ensuite vers des écoles plus spécifiques.

Un centre équestre se situe fréquemment en pleine nature. Pourvu d'aires de pâturages pour les chevaux, il comprend aussi des écuries. Pour les cours et pour le dressage, un manège ménage un espace clos et sécurisé. Les services offerts par un centre équestre sont facturés différemment en fonction de la renommée du centre et du type de prestation, mais une heure de promenade coûte, en moyenne entre 20 et 30 euros.

VI) -Ecurie privée

Dans une écurie privée la chose la plus importante est d'assurer son écurie, d'abord le cheval, le cavalier ensuite les bâtiments et le matériel ; l'achat, la vente, l'élevage constitue les différentes prérogatives d'une écurie privée

-Assurance du cheval

L'assurance du cheval se révèle être un élément primordial lors de l'acquisition d'un cheval. Une assurance cheval de qualité saura proposer toutes les garanties qui permettront la pratique de l'équitation dans des conditions sécurisantes et pour le cheval et pour son propriétaire.

La première option qu'offre une assurance de cheval est la garantie responsabilité civile. En effet, le propriétaire d'un cheval est responsable des dégâts ou accidents occasionnés par le cheval envers des tiers. C'est pourquoi il est indispensable de souscrire à une assurance responsabilité civile. Elle vise à couvrir tous les dégâts occasionnés par le cheval qu'il soit monté ou non. Une assurance de cheval de qualité proposera automatiquement cette garantie.

La deuxième option que doit proposer une assurance de cheval, c'est la garantie mortalité/vol. Cette garantie couvre tous les cas de décès ou accidents du cheval jusqu'à ses 18 ans excepté les cas suivants : décès pour cause de dopage ou suite à une opération de castration, pour des raisons administratives (ex : abattage administratif), pour manques de soins ou mauvais traitements. L'assurance du cheval avec cette garantie couvre d'office tous les risques de vol concernant le cheval.

Une assurance de cheval de qualité sera une aide indispensable pour la pratique de l'équitation dans des conditions optimales. Il est à noter que l'assurance du cheval ne prend en compte que le cheval, il sera donc nécessaire de souscrire à une assurance spécifique pour le cavalier. De nombreuses sociétés d'assurance proposent leurs services notamment sur internet où le nombre de possibilités de couvertures semble sans limites. C'est pourquoi il est nécessaire de bien comparer les différents types de prestations. Avant de souscrire à une assurance du cheval, il faut impérativement que le propriétaire soit attentif aux champs d'interventions des différentes couvertures que proposera l'assurance afin qu'une fois le cheval assuré, tous les risques soient couverts.

Ensuite il est nécessaire d'assurer les murs ainsi que le matériel de l'écurie.

- Acheter un cheval

Acheter un cheval est un projet d'envergure : sans même parler du prix d'achat d'un tel animal, il s'agit d'un investissement sur le long terme puisqu'un cheval a une durée de vie comprise entre 18 et 30 ans ! Quels sont les différents supports disponibles pour acheter un cheval, et quelles précautions faut-il prendre ?

Acheter un cheval suppose, au préalable, une bonne connaissance de l'animal en général, mais aussi des règles sanitaires en cours aujourd'hui. Pour ceux qui souhaitent se lancer et acheter un cheval sans disposer de ces connaissances, il est impératif d'être accompagné par une personne compétente pour choisir l'animal : si un carnet de santé permet a priori de se faire une idée des soins reçus par le cheval et de son état général, mieux vaut être capable de savoir le décrypter pour en faire bon usage !

Acheter un cheval, cela peut passer par une lecture attentive et régulière des petites annonces. S'il s'agit d'un cheval qui sera destiné aux loisirs, l'essentiel est de trouver une bête déjà dressée ou suffisamment docile pour recevoir rapidement les premières bases du dressage. Afin d'éviter les problèmes liés au transport de l'animal après la conclusion de la transaction, mieux vaut également acheter un cheval à proximité de chez soi : le vendeur sera certainement capable de l'acheminer par ses propres moyens jusqu'à son nouveau domicile.

Pour acheter un cheval destiné à une pratique sportive intensive ou de haut-niveau, l'éloignement n'est plus un critère primordial. Il s'agit en revanche de trouver l'animal capable de présenter l'ensemble des qualités recherchées. En ce cas, le plus simple consiste à acheter son cheval dans un élevage qui pratique une forme de sélection au moment de la reproduction, afin d'obtenir des chevaux dotés de capacités spécifiques telles que vitesse ou résistance.

-Ventes de chevaux

Les ventes de chevaux sont fréquentes, soit chez l'éleveur soit dans des foires. Pour trouver facilement des ventes de chevaux, le support des petites annonces, sur journal classique ou sur internet, est également très répandu. Mais encore faut-il bien cibler son interlocuteur pour éviter les pertes de temps et parvenir à conclure des ventes de chevaux qui comblent parfaitement les attentes de l'acheteur, au prix le plus juste.

En fonction du type d'animal recherché, toutes les ventes de chevaux ne présentent pas le même intérêt. Pour acquérir un cheval destiné aux loisirs, voire à la compagnie, nul besoin de parcourir foires et salons. Dans les colonnes des petites annonces, particuliers et professionnels situés à proximités font des offres régulières de ventes de chevaux.

Pour être certain que les ventes de chevaux se déroulent dans le respect des règles sanitaires en vigueur, l'achat auprès d'un éleveur professionnel est toujours plus sécurisant. Mais les ventes de chevaux réalisées auprès de particuliers peuvent également être intéressantes, dans la mesure où les prix pratiqués sont généralement plus bas, et où l'animal acheté n'est pas un produit d'élevage intensif mais a bénéficié d'un cadre plus équilibrant.

Dans les foires et les salons, ce sont avant tout les éleveurs spécialisés qui sont représentés : pour réaliser des ventes de chevaux destinés à la course d'obstacles ou à la voltige, ce sont évidemment ces manifestations qui seront les plus rentables. En une seule journée et en un seul lieu, sont réunis les professionnels les plus sérieux. Les ventes de chevaux qui supposent des qualités extrêmement pointues chez l'animal sont généralement plus fructueuses en passant par les salons et les foires.

-Annonce cheval

L'annonce cheval est un bon moyen pour se procurer, à moindre frais, un animal ou des équipements et accessoires en lien avec l'équitation. Quels sont donc les différents supports de l'annonce cheval, et que peut-on y trouver ?

L'annonce cheval a longtemps été particulièrement présente sur l'ensemble des publications sur papier. Elle était utilisée comme mode de publicité par les éleveurs qui souhaitaient s'attirer davantage de clients, mais aussi par des particuliers qui cherchaient à céder un cheval mis à la retraite, ou un poulain né de leurs propres animaux. L'annonce cheval était donc le plus souvent très ciblée géographiquement, et correspondait à des offres de proximité.

Aujourd'hui, avec Internet, l'annonce cheval dispose naturellement d'une audience beaucoup plus vaste, et, également, de supports très nombreux. Le système des petites annonces s'est transposé sur le web, mais d'autres moyens permettent désormais d'accéder à l'annonce cheval, comme les sites des éleveurs ou les portails spécialement consacrés à l'équitation.

Cette fois-ci, l'audience n'est plus locale mais internationale : l'annonce cheval est vue par un nombre plus grand d'acheteurs potentiels.

L'annonce cheval a donc élargi le champ de ses applications. Si elle continue à représenter un excellent moyen pour acquérir un cheval, elle est aussi très pratique pour acheter moins cher des équipements ou de la nourriture pour cheval. L'annonce cheval s'est en effet enrichie, avec Internet, de l'offre des fabricants ou vendeurs de produits qui peuvent être expédiés par voie postale : tenue d'équitation, selles et harnais, compléments alimentaires, brosses et même attelages complets.

- Elevage des chevaux

L'élevage des chevaux est intéressant pour la réalisation de deux objectifs différents : l'achat d'un animal et la saillie. Que faut-il savoir sur l'élevage des chevaux et comment s'y retrouver parmi toutes les structures, familiales ou professionnelles, qui répondent à ce terme générique ?

L'élevage des chevaux est en effet très varié. Il comprend à la fois les élevages familiaux, qui sont pratiqués à but non lucratif, et les élevages professionnels, qui misent sur des bêtes sélectionnées pour des aptitudes physiques bien définies. L'élevage des chevaux professionnel propose même des saillies, pratiquées de manière classique ou via une insémination artificielle.

Chez un particulier, l'élevage des chevaux est avant tout une question de passion. Les animaux qui sont disponibles à la vente sont le fruit de l'union des 3, 4 ou 5 chevaux de la famille : ils peuvent se montrer excellents pour la promenade, la randonnée ou la course, mais le hasard prend une grande part dans la détermination de ces aptitudes. L'élevage des chevaux familial, à visée non lucrative, est un très bon moyen de se procurer un animal destiné au loisir, qui aura été élevé dans des conditions équilibrantes.

L'élevage des chevaux professionnel est généralement plus orienté vers la recherche et la sélection de qualités physiques permettant de proposer des animaux performants pour une pratique sportive. Ainsi, ces élevages possèdent, parmi leurs reproducteurs, des chevaux remarquables pour leurs pointes de vitesse ou pour leur endurance. Ce type d'élevage de chevaux met parfois à la disposition de ses clients du sperme congelé de leurs meilleurs étalons, afin de pratiquer une insémination artificielle sur leur propre jument : le poulain sera ainsi élevé dès le départ par son maître, tout en héritant des qualités sélectionnées chez l'étalon choisi.

Transport de chevaux

Organiser un transport de chevaux n'est pas une mince affaire, car il faut à la fois ménager la santé et le bien-être des animaux, et rechercher la solution la moins onéreuse possible. En fonction de la destination finale, différentes solutions sont à envisager : le transport de chevaux peut en effet se faire par voie de route ou par avion.

Le transport de chevaux doit être organisé avec soin car, s'il se déroule dans de mauvaises conditions, le confort des animaux, voire leur bonne santé, peuvent être mis en péril. Les précautions à prendre sont toutefois moindres lorsque point d'arrivée et point de départ sont peu éloignés.

Pour un transport de chevaux à réaliser sur de courtes distances, la location d'un véhicule spécialement conçu à cet effet est envisageable. Plus économique, cette solution a également le mérite d'offrir davantage de souplesse dans l'organisation. En moyenne, un véhicule pour le transport de chevaux, appelé aussi « van », ne coûte guère plus d'une centaine d'euros pour un week-end.

Lorsque la distance à parcourir pour le transport de chevaux est plus longue, mieux vaut faire appel à un professionnel qui fournira à la fois un véhicule parfaitement adapté aux besoins des animaux sur une durée de plusieurs jours, et saura aménager son déplacement pour garantir leur bien-être. Enfin, par avion, le transport de chevaux permet de déplacer les animaux d'un pays à l'autre. Dans un cas comme dans l'autre, le tarif d'un transport de chevaux est à négocier directement avec le professionnel concerné, qui établira un devis calculé au plus juste en fonction de la demande du client.

VII) -Salon du cheval

Le salon du cheval est à la fois un événement et une source d'information fantastique pour tous ceux qui s'intéressent, de près ou de loin, à l'équitation. Lieu privilégié d'échanges entre vendeurs et acheteurs potentiels, le salon cheval est aussi prétexte à de nombreuses démonstrations, qui prennent la forme de compétitions ou de spectacles.

Le salon du cheval est généralement composé d'une partie dédiée aux stands des différents intervenants. Les éleveurs sont bien sûr présents. Ils peuvent être spécialisés dans le cheval de randonnée, dans le cheval de course d'obstacle ou encore dans le cheval d'attelage. Sont également présents les fabricants ou négociants d'accessoires ou d'équipements en lien avec le cheval, et les représentants des plus grandes marques d'alimentation équine. Les associations sportives et les clubs hippiques sont également très bien représentés dans un salon du cheval.

En France, des grandes villes comme Lyon ou Paris accueillent chaque année un salon cheval. Les infrastructures mises à disposition pour ces événements sont impressionnantes : plusieurs dizaines de milliers de mètres carré qui comprennent à la fois les espaces pour les stands et les carrières pour les démonstrations, et des locaux capables d'accueillir des visiteurs en grand nombre. Le salon du cheval met ainsi en œuvre des moyens importants pour l'organisation de l'événement.

Le prix d'une entrée dans un salon du cheval revient à une quinzaine d'euros environ pour un adulte, et à une dizaine pour un enfant. Le prix du billet ouvre l'accès aux stands, mais également aux spectacles et compétitions sportives qui sont organisés au cours d'un salon du cheval.

VIII) –L'image du cheval

L'image du cheval est répandue car cet animal suscite de nombreux engouements. L'image du cheval peut prendre de nombreuses formes, dont voici quelques exemples.

Pour tous ceux qui ont déjà eu l'occasion de partir en Camargue, la première image du cheval qui vient à l'esprit est celle de la carte postale. Chevaux courant sur les plages de sable ou adoptant des postures plus spectaculaires sont en effet monnaie courante dans les régions qui sont marquées par une forte tradition en lien avec le cheval (élevage et dressage). L'image du cheval est alors destinée à constituer un souvenir, ou à envoyer une pensée personnalisée à ses proches.

Mais l'image du cheval se conçoit également sur un plan plus artistique. Le cheval, souvent considéré comme un animal noble, est en effet apprécié pour sa beauté et son allure, et donne lieu à des clichés particulièrement travaillés. Certains photographes animaliers se sont d'ailleurs spécialisés dans l'image du cheval, qui montre aussi bien des chevaux de labour que des chevaux de course, avec une préférence toutefois nettement marquée pour les chevaux sauvages, dont les attitudes évoquent immanquablement la liberté.

Pour les passionnés, l'image du cheval s'affiche au mur ou… sur son écran d'ordinateur ! Il est très facile de se procurer gratuitement des fonds d'écran et écrans de veille sur le thème du cheval. Des sites tenus par des particuliers en proposent chaque semaine, enrichis d'animations ou présentés sous forme de diaporamas pour les écrans de veille. A télécharger après avoir sélectionné le bon format pour éviter les déformations à l'affichage, l'image du cheval permet de retrouver, au travail ou à la maison, un petit bout de nature et de beauté.

IX) -Bonus

Quelques astuces

Astuce 1 : Astuce pour choisir son cheval

Avec une espérance de vie pouvant aller jusqu'à 30 ans, l'adoption d'un cheval est une décision qui va vous impliquer sur le long terme. Mieux vaut donc choisir un compagnon équilibré, avec lequel vous saurez vous entendre...

La nervosité extrême d'un cheval est peut-être l'indicateur d'un tempérament instable, qui augure de difficultés de dressage pour l'avenir. Pour tester le cheval que vous envisagez d'acheter, une petite astuce consiste à le mener dans un lieu qu'il ne connaît pas. Au préalable, vous y aurez disséminé des objets étranges pour lui (volumineux, odorants, brillants, sonores, etc.).

Observez bien les réactions du cheval. S'il reste impassible, vous avez affaire à un stoïque : attention toutefois à ce qu'il ne soit pas trop passif. S'il s'approche de tous les objets pour les renifler, vous voilà en face d'un curieux, qui aura peut-être tendance à faire preuve de trop de témérité. S'il prend son temps pour s'approcher, vous découvrez un prudent. Aucune de ces réactions n'est mauvaise en soi, mais elles indiquent toutes des traits de caractère différents. Par contre, si le cheval ne tient pas en place et s'agite sans se calmer, prenez le temps de réfléchir avant de vous engager...

Astuce 2 : Astuce pour savoir quel cheval sera le bon pour vous

Aucun cheval n'est « bon » ou « mauvais » en soi. Comme dans les relations humaines, la relation entre cheval et cavalier est équilibrée si l'un et l'autre se correspondent.

Pour un cavalier débutant, inutile de choisir un cheval de haut-niveau. Ce serait tout d'abord payer un prix excessif pour une utilisation basique : comme d'acheter une voiture de course quand on vient juste d'obtenir le permis. Pour le cheval, ce serait également source d'inconfort : passer d'un dressage ultra-exigeant à des mains inexpérimentées risquerait de le perturber. En revanche, un cheval au caractère paisible, et capable de réaliser quelques tours tout en sachant trotter et galoper sur plusieurs heures, sera certainement source de bonheur pour les deux.

Pour les cavaliers expérimentés, c'est bien sûr un cheval adapté à leurs compétences spécifiques qui sera le plus indiqué. En ce cas, au-delà des performances individuelles de chaque animal examiné, il faudra également prendre soin de choisir un animal peu sensible au stress, capable de subir compétitions et concours sans faiblir.

Astuce 3 : Astuces pour hydrater ses chevaux n'importe où

Lorsqu'on déplace ses chevaux, ils ont tendance, bien souvent, à refuser toute nourriture différente de celle à laquelle ils sont habitués. Le problème est facilement résolu en prévoyant d'emporter des rations de la même marque que celle qu'ils affectionnent normalement. Mais avec l'eau, le problème paraît insoluble.

En fait, l'astuce consiste simplement à anticiper le moment où le cheval sera déplacé. S'il refuse une autre eau que celle à laquelle il est habitué, c'est parce que son goût et son odeur diffèrent légèrement. En versant une cuillerée de vinaigre ou de sucre dans sa ration d'eau quotidienne, il sera facile de « duper » le cheval lors d'un déplacement, et de lui faire accepter n'importe quelle eau.

En voyage, l'utilisation d'une bouteille d'eau permet de donner à boire au cheval sans problème : il suffit pour cela de lui relever la tête en poussant sous les ganaches, puis de glisser le goulot entre les barres. Il n'y a plus qu'à verser !

Astuce 4 : Astuces pour faire plaisir à son cheval

Les friandises, lorsqu'elles sont distribuées à bon escient, sont bien pratiques pour récompenser son cheval après une longue promenade ou une séance de dressage. Mais les friandises vendues dans le commerce sont très chères, et pas toujours très bonnes pour la ligne de l'animal…

Pour une petite gâterie occasionnelle, le bonbon vichy est un excellent substitut aux friandises les plus élaborées qui peuvent être vendues en boutiques spécialisées ! Le cheval adore le goût du sucre mêlé à celui de la menthe, et cela lui rafraîchit même l'haleine.

Pour des friandises plus équilibrées sur le plan diététique, il est également possible de se mettre aux fourneaux : avec du muesli, du son de blé, des carottes , un peu de mélasse et de l'eau tiède, voici de petits gâteaux à la carotte qui seront très appréciés ! Au moment de Noël, le cheval peut même avoir droit à sa propre décoration comestible, avec une guirlande composée de foin tressé, sur lequel sont fixées pommes et carottes !

Astuce 5 : Astuces pour en finir avec les mouches

Pour le cheval, les mouches sont de véritables pots-de-colle, qui provoquent sa nervosité et pondent leurs œufs dans son poil. Pour compléter l'action des shampooings antiparasitaires et anti-mouches, quelques gestes simples sont à connaître.

Dans un premier temps, pour débarrasser le cheval des mouches qui se sont agglutinées sur son postérieur, une application à l'éponge de mir dilué dans de l'eau permet de se débarrasser des indésirables. Passées de vie à trépas, elles peuvent toutefois rester encore collées sous la queue : un bon rinçage les fera partir, tout en évitant des irritations au cheval.

L'huile alimentaire est préconisée, dans un deuxième temps, pour empêcher les mouches de revenir. Il suffit de badigeonner les endroits où elles ont coutume de se poser : en principe, les surfaces glissantes devraient les décourager de se poser, ou les chasser rapidement. L'opération, pour être efficace, doit toutefois être répétée tous les trois ou quatre jours.

Astuce 6 : Après les mouches… les œufs : astuces pour s'en débarrasser

Les mouches, lorsqu'elles se posent sur le cheval, en profitent fréquemment pour pondre leurs œufs dans le poil de l'animal. Outre le côté inesthétique de cette vilaine habitude, cela peut aussi être un problème sur le plan sanitaire : en se léchant, le cheval risque d'avaler des œufs et d'être parasité de l'intérieur…

Pour se débarrasser des œufs de mouches, très collants, la solution la plus utilisée est le rasoir. Pendant l'opération, il convient d'être extrêmement précis pour ne pas blesser l'animal, et de prévoir plusieurs lames pour éviter l'aller-retour lorsque le rasoir est émoussé.

D'autres méthodes, moins risquées, peuvent également porter leurs fruits. Ainsi, un bon nettoyage à la pierre ponce permet aussi de se débarrasser des œufs sans recourir à la lame. Le gant de crin permet d'obtenir le même résultat.

Mieux encore, du vinaigre légèrement tiédi appliqué pendant deux jours d'affilée sur la zone concernée fait des miracles : les œufs tomberont tous seuls !

Astuce 7 : Astuces pour soigner son cheval

Avec un cheval, les bobos divers sont souvent au rendez-vous après une sortie. Si certaines blessures nécessitent l'intervention d'un vétérinaire, d'autres peuvent être soignées très simplement, à la maison.

Ainsi, l'huile essentielle de lavande opère de petits miracles sur toutes les lésions de type brûlures ou irritations dues aux frottements. Une seule application suffit, et elle apporte un soulagement instantané.

Sur une plaie, il faut commencer par désinfecter, de préférence avec un mélange de Bétadine et Vétédine. Une couche pour bébé peut faire office de pansement, à fixer avec des bandelettes. Ensuite, pour éviter que des bourgeons ne se forment au cours de la cicatrisation, un petit truc tout simple consiste à les repérer le plus tôt possible et à leur administrer une application de nitrate d'argent (sous forme de bâtonnet), sans dépasser sur la peau.

Une fois que la plaie a cicatrisé, les poils ont tendance à repousser blancs. Pour que les nouveaux poils s'accordent avec la couleur de la robe, prenez un bout de charbon et frottez-le sur la cicatrice et son pourtour : lorsque le poil repoussera, il sera de la bonne couleur !

Enfin voilà !! Nous arrivons au terme de cette exploration et j'espère qu'elle vous a procuré autant de plaisir qu'à moi et a répondu humblement à toutes vos interrogations.

Manufactured by Amazon.ca
Acheson, AB